구원을 팝니다

사람들에 관한 이야기

구원을 팝니다

구원에 잇닿을 수 없는

상

글 김민석
그림 김영화

새물결플러스

차례

그림 작가의 서문   6

1회   왜 나는 이게 안 통할까?   9

2회   하늘 자본   61

3회   다가온 기회   111

4회   죄인 이현실   145

5회   구원과 자기혐오   193

6회   택함 받지 못한 사람   239

7회   조용히 함께 걸어줄 거라고   269

그림 작가의 서문

구원을 삽니다

내 서랍 속에는 낡은 구원이 득시글하다. 오랫동안 교회를 다니면서 사들인 구원들을 버리지 않고 잘 모아두었다. 구원은 언제나 달콤했고, 나를 감동시켰다. 하지만 '구원'이라는 동일한 이름을 가진 그것들은 비슷하면서도 어딘지 모르게 달랐다. 그럼에도 나는 그 구원들을 보며 만족했다. 어쨌든 간에 구원을 소유한 셈이니까.

만화 작업 때문에 이스라엘에 6개월간 체류한 적이 있다. 가끔 한국에서 목사님들이 단체로 성지순례를 오시면 그 틈에 끼어 같이 다니곤 했는데 그럴 때면 어김없이 목사님들은 나에게 이런 질문을 하셨다.

"형제님은 구원의 확신이 있죠?"

그걸 말이라고 하는가. 모태신앙으로 서른여섯 해 동안 열심히 교회를 다녀온 나에게 구원의 확신이 있냐니. 기가 찬 나는 당연히 확신이 있다고 대답했다. 그런데 그렇게 대답할 때마다 목뒤가 서늘하고 찜찜한 기분이 들었던 건 왜일까.

지금 와서 생각해보면 내 대답은 구원의 이름을 가졌으나 잘못된 답이었다. 나는 '정상적'인 기독교인이기에 구원의 확신이 있어야만 했다. 그런 기본적인 대답에도 당당하지 못하면 내가 무슨 기독교인인가 하는 생각이 기저에 깔려 있었다.

『구원을 팝니다』에는 '비정상적'인 사람들이 등장한다. 사실 이들은 지금껏 내가 배척하고 소외시킨 인간들이다. 하지만 성경을 조금만 들춰보면 내 생각이 틀렸다는 걸 알 수 있다. 예수님은 나와 같은 방식으로 사람들을 나누지 않으셨다. 내가 생각하는 정상은 성경이 말하는 것과 거리가 있었고, 예수님은 비정상적인 사람들의 친구셨다. 사람을 정상과 비정상으로 나누는 것, 그것 역시 내가 사들였던 뒤틀린 구원 중 하나다. 구원에 다다르기 위해 나는 꽤 많은 시간을 허비한 셈이다.

    나는 오랫동안 구원을 사 왔다. 그래도 쓸 만한 구원 하나쯤은 있지 않을까 싶어 이리저리 뒤져봐도 마땅치 않다. 내가 모아온 구원들을 바라보면 마치 그게 나 자신인 양 애잔했다. 그래서 그냥 버리기로 했다. 비우고 다시 시작하기로 마음먹었다. 내 서랍을 한낱 구원을 사고파는 시장통이 아닌 예수님의 말씀으로 채운 만민이 기도하는 집으로 만들어보기로 했다. 그래야 비로소 몸은 교회가 된다. 정상과 비정상의 잣대가 아닌 동등한 한 인간으로 서로를 바라보는 교회. 함께 걸어가고 서로 힘이 되는 교회. 그런 교회가 더 많아지기를 바란다.

    『구원을 팝니다』는 주인공 이국면이나 나처럼 기존의 구원에 중독된 사람들이 보면 좋을 만화다.

2020년 7월

김영화

1화

왜 나는
이게 안 통할까?

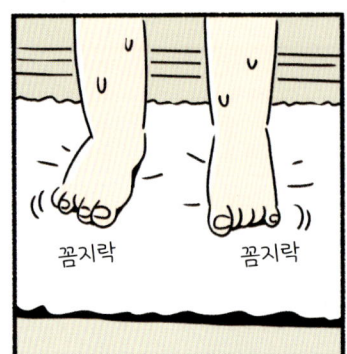

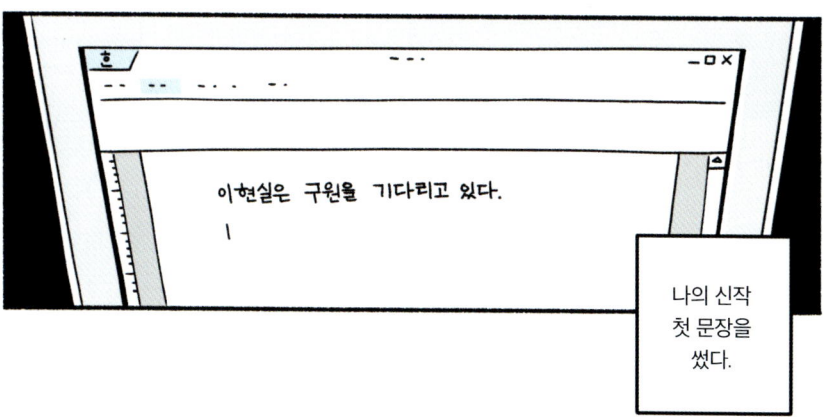

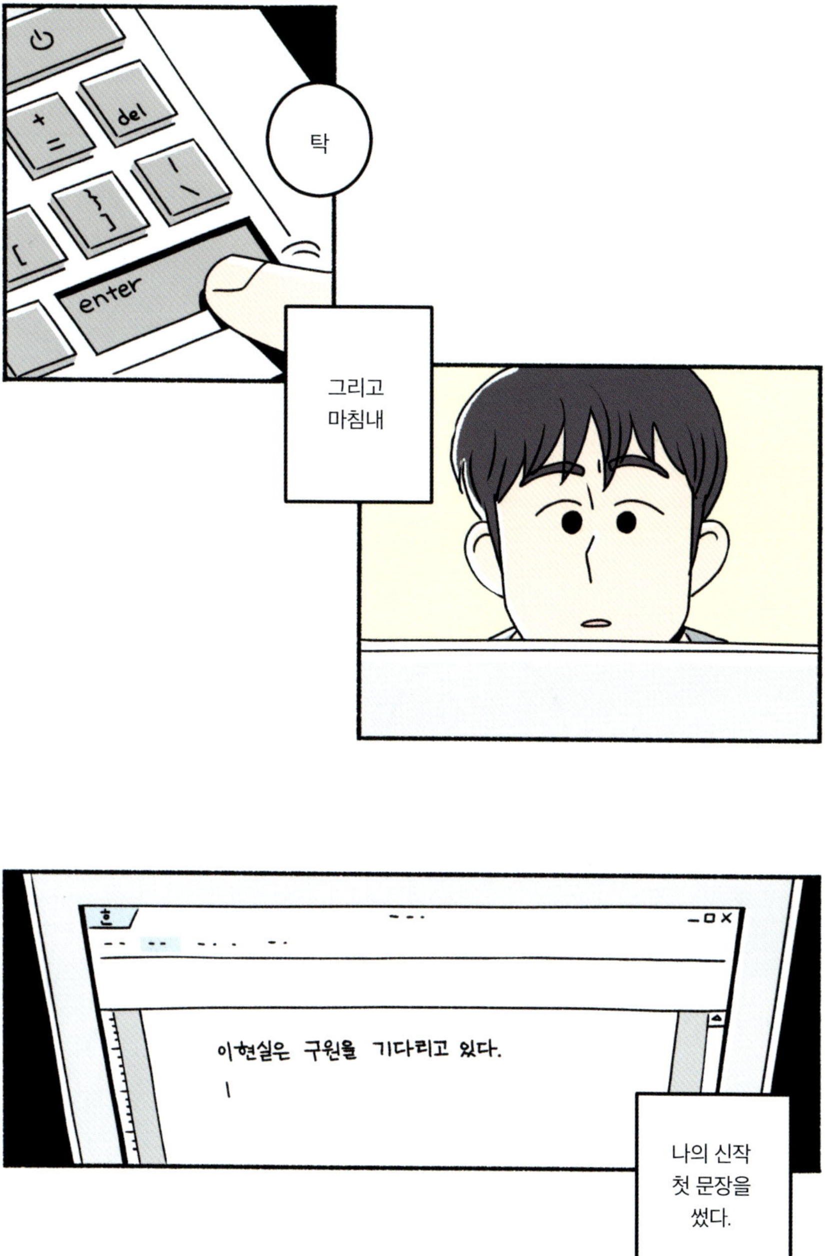

2화

하늘 자본

읽어보시면 알 거예요. 주님께서 이 간증들을 꼭 책으로 내야 한다고 말씀하셔서요.
......
그리고 계속 이국면 씨를 떠오르게 하시더라고요.

이국면 씨라면 이 간증들을 정말 더 진실되게, 아름답게,
실시간 전도현황
감동적으로 써낼 수 있을 거라는 마음을 계속 주셨거든요.

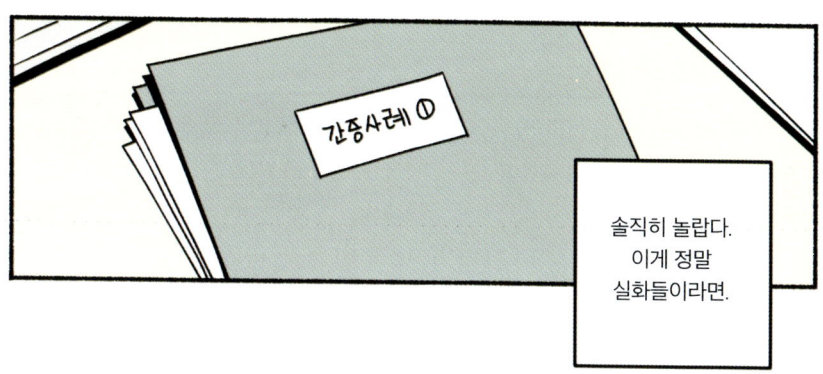

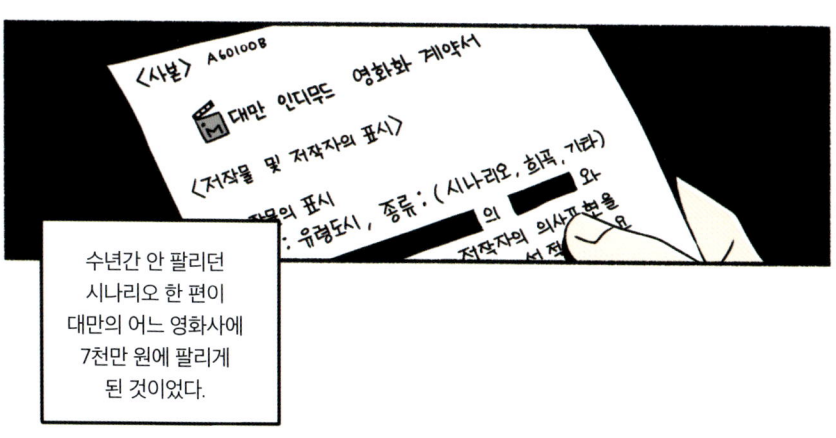

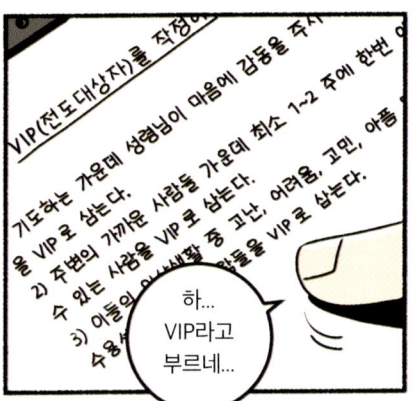

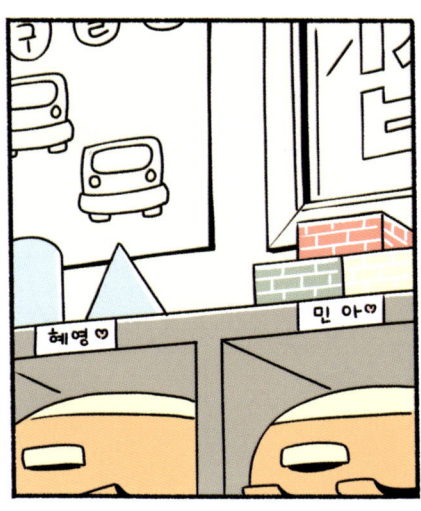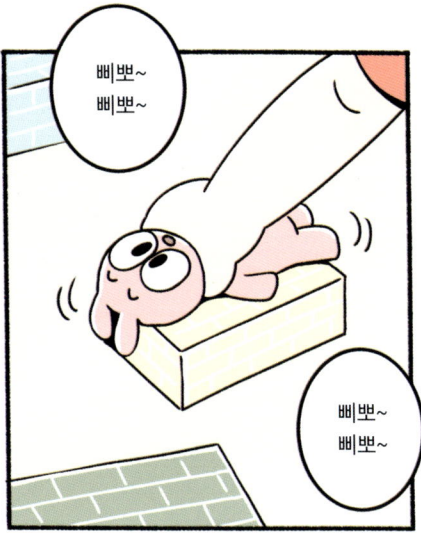

어?

혜영이 엄마 이름이 이현실... 이었나?

어, 맞어. 이현실.

와, 저 언니 몸매 쩐다, 진짜.

희한하지.

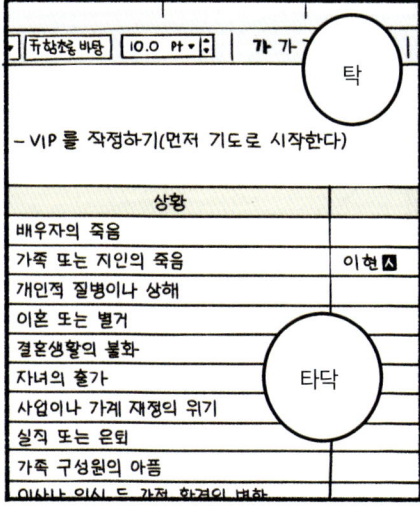

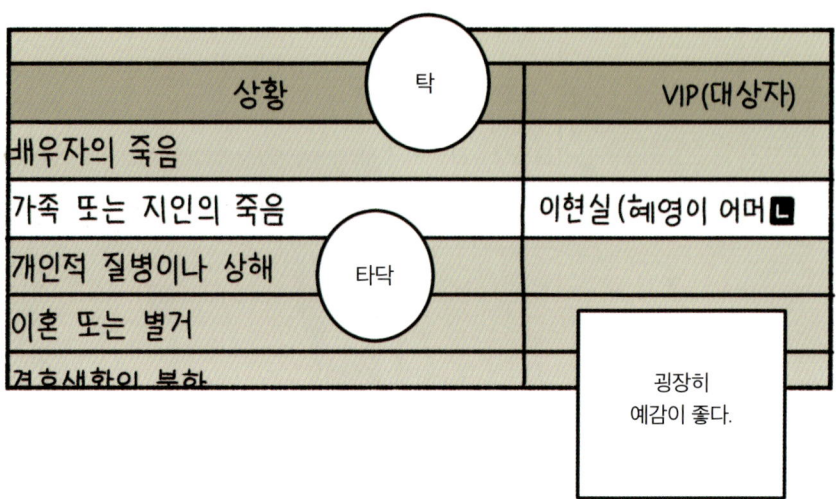

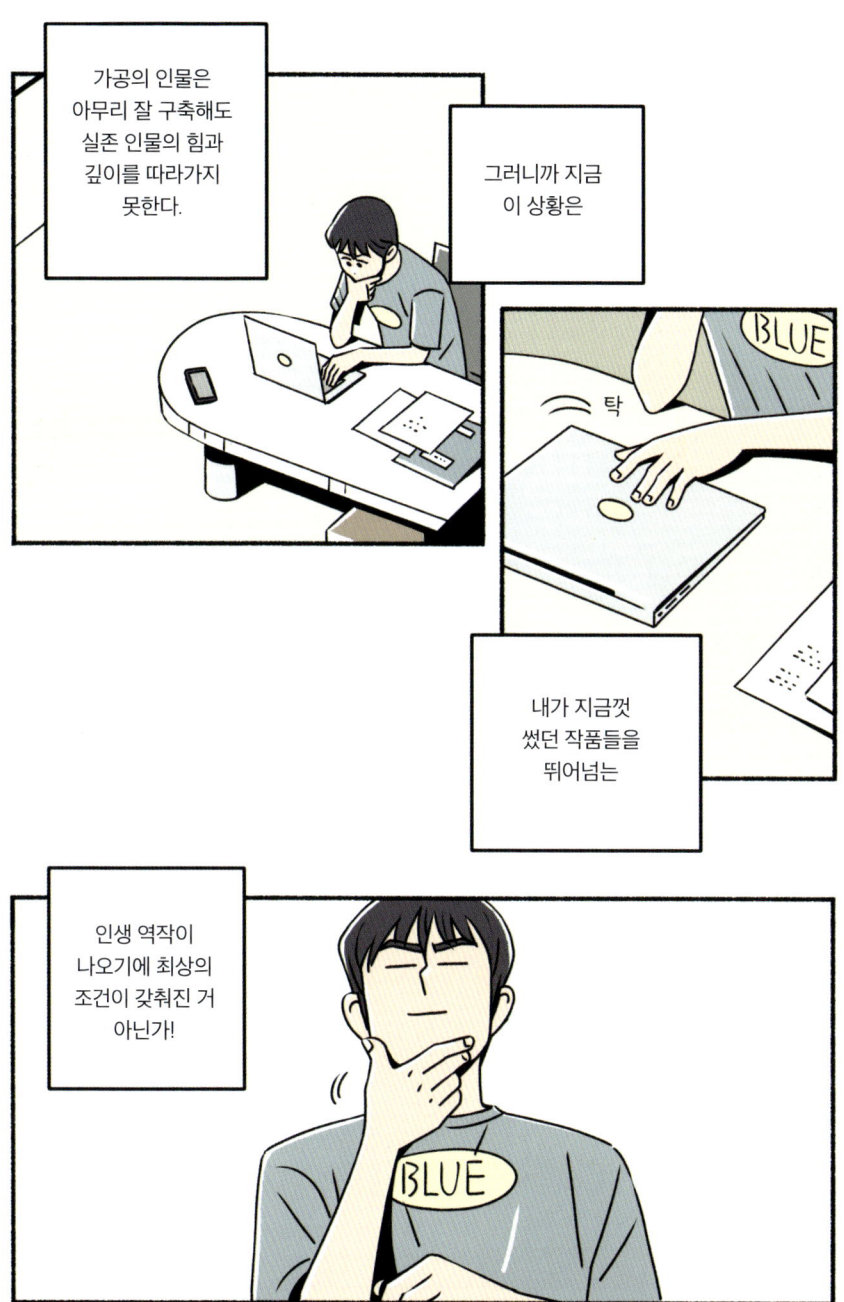

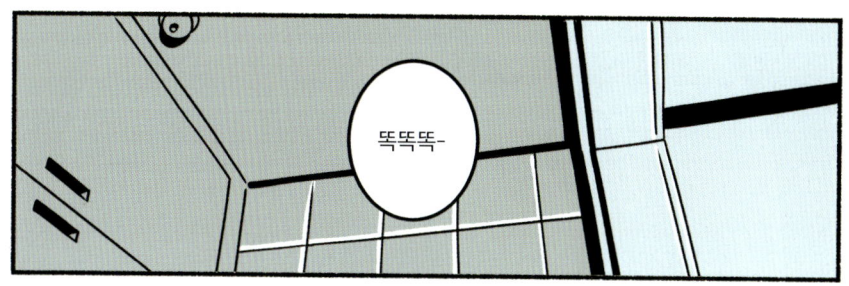

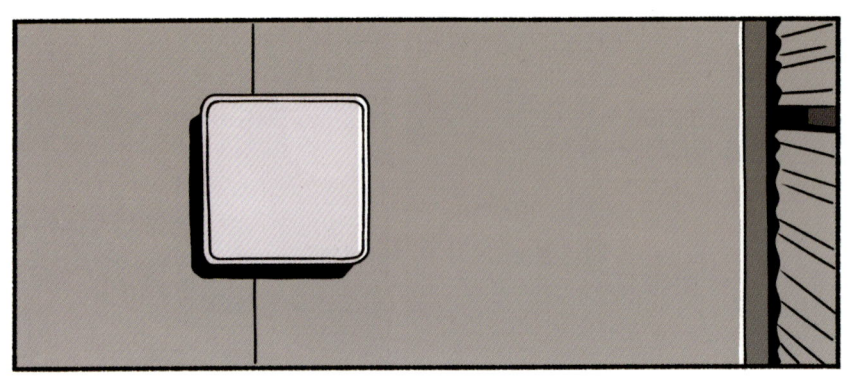

민희주 집사가
준 대필료로
5백은 갚았지만,

아직도
대부업체에만
천만 원이
남았다.

3화

다가온 기회

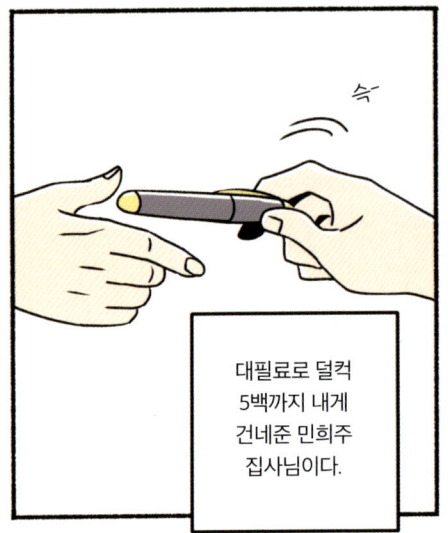

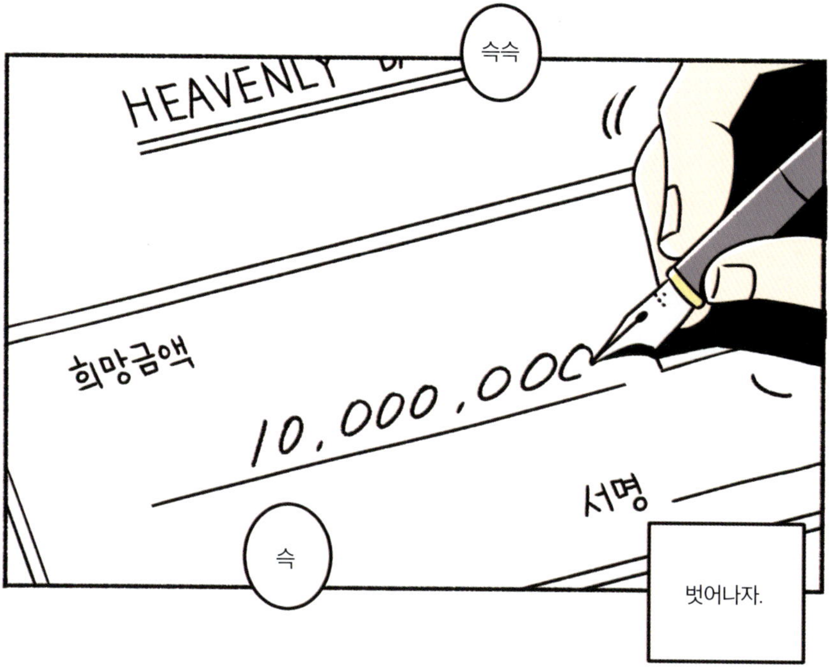

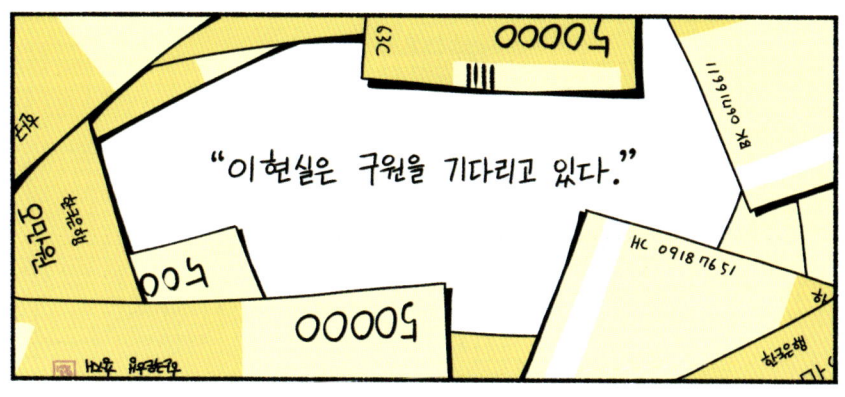

혜영이네 집은 어린이집에서 걸어갈 수 있는 거리에 있었다.

죄송해요. 엘리베이터가 없어서...

괜찮아요. 저희 집도 없어요!

4화

죄인 이현실

……

어, 방송 끝났어?

A씨는 그렇게 이현실 씨로부터 5백만 원을 받아갔고

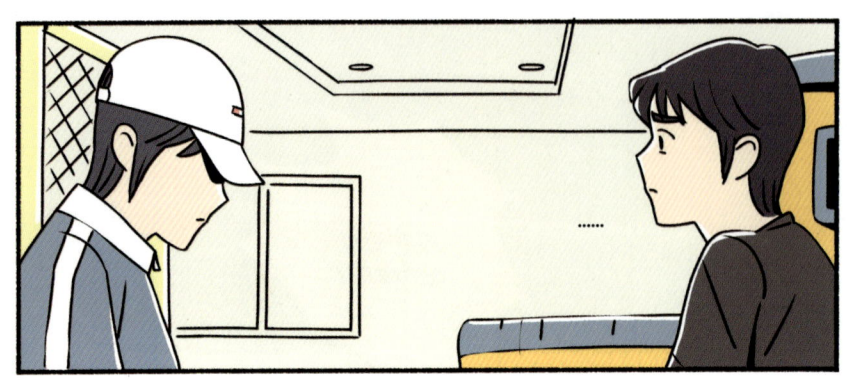

"평생 벌받는 삶이라도 살 수 있다면 그나마 견딜 판인데,"

"예수가 뭔데 나 대신 죗값을 치러요?"

전도를 위해서 나름대로 기독교 교리 부분은 열심히 익혔지만

이현실 씨의 삶은 기독교 교리의 틀에 담기지 않았다. 아니

그럴 수가 없는 사람이었다.

그 이상의 무언가가 필요했다.

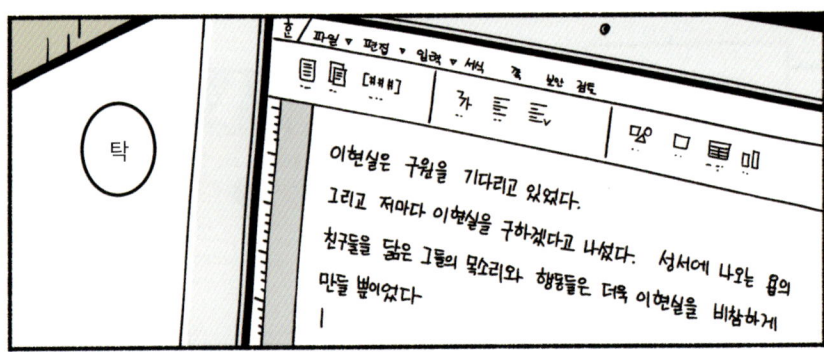

응?

혜영이 엄마한테도... 예수님이 필요하겠지?

어, 그럼. 당연히 필요하지...

그런데 혜영 엄마가 용서를 받아들일 수 없다면... 어떻게 해야 하지?

시카고 대학 신학박사 출신인 채린이 이모님은 충남 보령에서 옥수수 농사를 짓고 계신다.

히... 난 가면 야방 킬 거라 못 돕는 거 알지?

가서 일손도 돕고.

으... 응...

하아...

조언자로는 딱이지만... 가면 무조건 일을 해야 한다.

그러려면 저희
헤븐리 뱅크 멤버가
되셔야 해요

5화

구원과 자기혐오

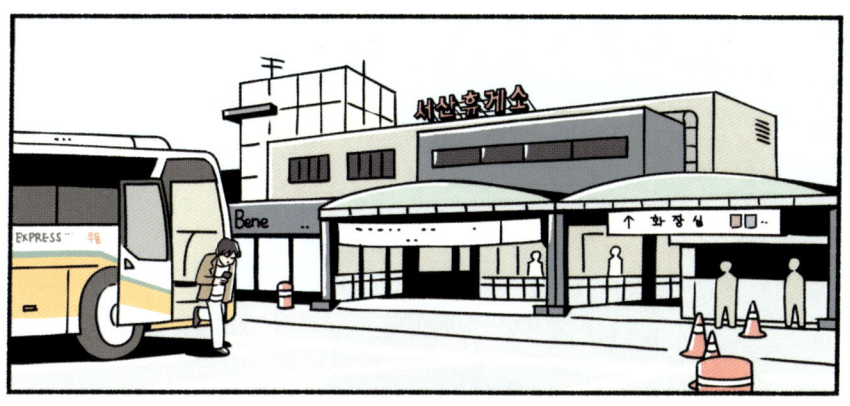

여기는 하늘의 선한 자본이 흐르는 곳입니다. 필요한 사람이 있으면 언제든 돈을 흘려보내죠.

그게 그 말이었나...

Anthony C. Thiselton, 『조직신학』(IVP 역간), 236-242.

Paul Tillich, *Systematic Theology*, Vol Two (The University of Chicago Press, 1957), 51. 『조직신학2』(한들출판사 역간).

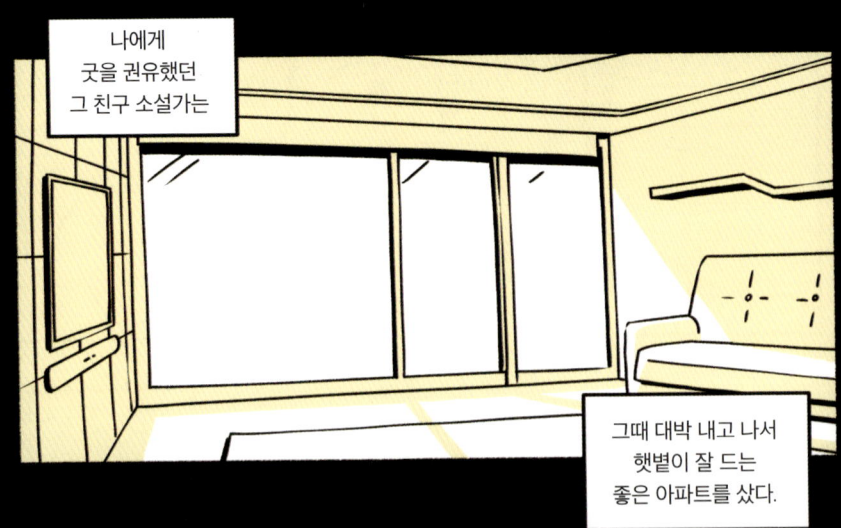

6화

택함 받지 못한 사람

그런데 전도는 별 진전이 없나요? 시간이 꽤 걸리시네.

음... 그게...

나는 민희주 집사에게 이현실 씨 이야기를 소상히 털어놓았다.

첫 전도 대상부터 아주... 어두운 영혼을 만나셨군요.

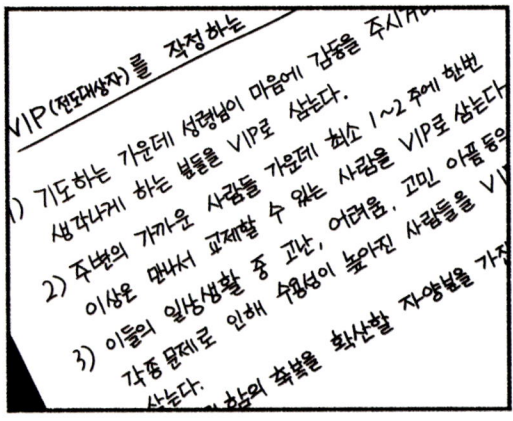

7화

조용히 함께
걸어줄 거라고

어쨌든 우리는
계속 걸어야
하니까.

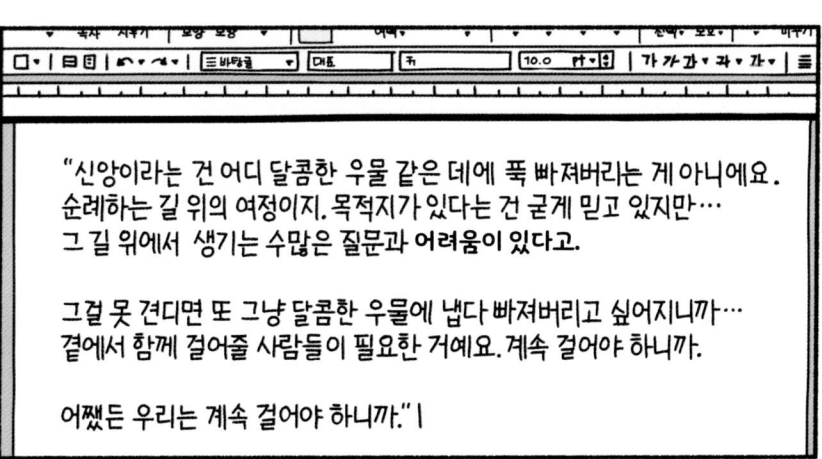

구원을 팝니다 ㊤
구원에 잇닿을 수 없는 사람들에 관한 이야기

Copyright ⓒ 김민석·김영화 2020

1쇄 발행 2020년 7월 30일

지은이	김민석·김영화
펴낸이	김요한
펴낸곳	새물결플러스
편 집	왕희광 정인철 노재현 한바울 정혜인
	이형일 나유영 노동래 최호연
디자인	윤민주 황진주 박인미 이지윤
마케팅	박성민 이원혁
총 무	김명화 이성순
영 상	최정호 조용석 곽상원
아카데미	차상희

홈페이지	www.holywaveplus.com
이메일	hwpbooks@hwpbooks.com
출판등록	2008년 8월 21일 제2008-24호
주 소	(우) 04118 서울시 마포구 마포대로19길 33
전 화	02) 2652-3161
팩 스	02) 2652-3191

ISBN 979-11-6129-165-9 07230
       979-11-6129-164-2 07230(세트)

책값은 뒤표지에 있습니다.

이 도서의 국립중앙도서관 출판예정도서목록(CIP)은 서지정보유통지원시스템
홈페이지(seoji.nl.go.kr)와 국가자료공동목록시스템(nl.go.kr/kolisnet)에서
이용하실 수 있습니다. CIP2020029535